Dieses Wandertagebuch
Gehört zu:

_____
_____
_____

WANDERWEG/NAME: _____

STADT/BUNDESLAND: _____ DATUM: _____

STANDORT: _____

ZEIT: START: _____   ENDE: _____

GESAMTDAUER: _____ GESAMTENTFERNUNG: _____

GEWINN/VERLUST VON HÖHENMETERN: _____

PFAD(E): _____
_____

SCHWIERIGKEITSGRAD: ☆☆☆☆☆   BEWERTUNG: ☆☆☆☆☆

DAS WETTER: ☀️ ⛅ 🌦️ ☁️ 🌧️ ⛈️ 🌨️ 🌡️ _____

GPS: START: _____   ENDE: _____

ART DER STRECKE: ○ HIN & ZURÜCK   ○ SCHLEIFE   ○ EINFACHE FAHRT/ SHUTTLE

ZUSTAND DES WEGES: _____
OBERFLÄCHE DES WEGES: _____

GELÄNDESICHTUNGEN: _____
_____

ZELL TELEFON-EMPFANG: _____
GEWANDERT MIT: _____
_____

WASSER VERFÜGBAR: _____
EINRICHTUNGEN: _____
_____

ESSEN UND GETRÄNKE: _____
_____

BEOBACHTUNGEN (NATUR, WILDTIERE USW.): _____
_____
_____

DAS DENKWÜRDIGSTE EREIGNIS: _____
_____
_____

ANMERKUNGEN FÜR DAS NÄCHSTE MAL: _____
_____
_____
_____
_____

STRECKENZEICHNUNG/LIEBLINGSFOTO

WANDERWEG/NAME: _____

STADT/BUNDESLAND: _____ DATUM: _____

STANDORT: _____

ZEIT: START: _____ ENDE: _____

GESAMTDAUER: _____ GESAMTENTFERNUNG: _____

GEWINN/VERLUST VON HÖHENMETERN: _____

PFAD(E): _____
_____

SCHWIERIGKEITSGRAD: ☆☆☆☆☆   BEWERTUNG: ☆☆☆☆☆

DAS WETTER: ☀ ⛅ 🌦 ☁ 🌧 ⛈ 🌨 🌡 _____

GPS: START: _____ ENDE: _____

ART DER STRECKE: ○ HIN & ZURÜCK   ○ SCHLEIFE   ○ EINFACHE FAHRT/ SHUTTLE

ZUSTAND DES WEGES: _____
OBERFLÄCHE DES WEGES: _____

GELÄNDESICHTUNGEN: _____
_____

ZELL TELEFON-EMPFANG: _____
GEWANDERT MIT: _____
_____

WASSER VERFÜGBAR: _____
EINRICHTUNGEN: _____
_____

ESSEN UND GETRÄNKE: _____
_____

BEOBACHTUNGEN (NATUR, WILDTIERE USW.): _____
_____
_____

DAS DENKWÜRDIGSTE EREIGNIS: _____
_____
_____

ANMERKUNGEN FÜR DAS NÄCHSTE MAL: _____
_____
_____
_____
_____

STRECKENZEICHNUNG/LIEBLINGSFOTO

WANDERWEG/NAME: _____

STADT/BUNDESLAND: _____ DATUM: _____

STANDORT: _____

ZEIT: START: _____ ENDE: _____

GESAMTDAUER: _____ GESAMTENTFERNUNG: _____

GEWINN/VERLUST VON HÖHENMETERN: _____

PFAD(E): _____
_____

SCHWIERIGKEITSGRAD: ☆☆☆☆☆   BEWERTUNG: ☆☆☆☆☆

DAS WETTER: ☀️ ⛅ 🌦️ ☁️ 🌧️ ⛈️ 🌨️ 🌡️ _____

GPS: START: _____ ENDE: _____

ART DER STRECKE: ○ HIN & ZURÜCK   ○ SCHLEIFE   ○ EINFACHE FAHRT/ SHUTTLE

ZUSTAND DES WEGES: _____

OBERFLÄCHE DES WEGES: _____

GELÄNDESICHTUNGEN: _____
_____

ZELL TELEFON-EMPFANG: _____

GEWANDERT MIT: _____
_____

WASSER VERFÜGBAR: _____

EINRICHTUNGEN: _____
_____

ESSEN UND GETRÄNKE: _____
_____

BEOBACHTUNGEN (NATUR, WILDTIERE USW.): _____
_____

DAS DENKWÜRDIGSTE EREIGNIS: _____
_____

ANMERKUNGEN FÜR DAS NÄCHSTE MAL: _____
_____
_____
_____

STRECKENZEICHNUNG/LIEBLINGSFOTO

WANDERWEG/NAME: _____

STADT/BUNDESLAND: _____ DATUM: _____

STANDORT: _____

ZEIT: START: _____ ENDE: _____

GESAMTDAUER: _____ GESAMTENTFERNUNG: _____

GEWINN/VERLUST VON HÖHENMETERN: _____

PFAD(E): _____
_____

SCHWIERIGKEITSGRAD: ☆☆☆☆☆   BEWERTUNG: ☆☆☆☆☆

DAS WETTER: ☀️ 🌤️ 🌦️ ☁️ 🌧️ ⛈️ 🌨️ 🌡️ _____

GPS: START: _____ ENDE: _____

ART DER STRECKE: ○ HIN & ZURÜCK ○ SCHLEIFE ○ EINFACHE FAHRT/ SHUTTLE

ZUSTAND DES WEGES: _____

OBERFLÄCHE DES WEGES: _____

GELÄNDESICHTUNGEN: _____
_____

ZELL TELEFON-EMPFANG: _____

GEWANDERT MIT: _____
_____

WASSER VERFÜGBAR: _____

EINRICHTUNGEN: _____
_____

ESSEN UND GETRÄNKE: _____
_____

BEOBACHTUNGEN (NATUR, WILDTIERE USW.): _____
_____
_____

DAS DENKWÜRDIGSTE EREIGNIS: _____
_____
_____

ANMERKUNGEN FÜR DAS NÄCHSTE MAL: _____
_____
_____
_____
_____

STRECKENZEICHNUNG/LIEBLINGSFOTO

WANDERWEG/NAME: _____

STADT/BUNDESLAND: _____ DATUM: _____

STANDORT: _____

ZEIT: START: _____ ENDE: _____

GESAMTDAUER: _____ GESAMTENTFERNUNG: _____

GEWINN/VERLUST VON HÖHENMETERN: _____

PFAD(E): _____
_____

SCHWIERIGKEITSGRAD: ☆☆☆☆☆   BEWERTUNG: ☆☆☆☆☆

DAS WETTER: ☀ ⛅ 🌦 ☁ 🌧 ⛈ 🌨 🌡_____

GPS: START: _____ ENDE: _____

ART DER STRECKE: ○ HIN & ZURÜCK   ○ SCHLEIFE   ○ EINFACHE FAHRT/ SHUTTLE

ZUSTAND DES WEGES: _____
OBERFLÄCHE DES WEGES: _____

GELÄNDESICHTUNGEN: _____
_____

ZELL TELEFON-EMPFANG: _____
GEWANDERT MIT: _____
_____

WASSER VERFÜGBAR: _____
EINRICHTUNGEN: _____
_____

ESSEN UND GETRÄNKE: _____
_____

BEOBACHTUNGEN (NATUR, WILDTIERE USW.): _____

_____

_____

DAS DENKWÜRDIGSTE EREIGNIS: _____

_____

_____

ANMERKUNGEN FÜR DAS NÄCHSTE MAL: _____

_____

_____

_____

_____

STRECKENZEICHNUNG/LIEBLINGSFOTO

WANDERWEG/NAME: _____

STADT/BUNDESLAND: _____ DATUM: _____

STANDORT: _____

ZEIT: START: _____ ENDE: _____

GESAMTDAUER: _____ GESAMTENTFERNUNG: _____

GEWINN/VERLUST VON HÖHENMETERN: _____

PFAD(E): _____
_____

SCHWIERIGKEITSGRAD: ☆☆☆☆☆   BEWERTUNG: ☆☆☆☆☆

DAS WETTER: ☀ ⛅ 🌦 ☁ 🌧 ⛈ 🌨 🌡 _____

GPS: START: _____ ENDE: _____

ART DER STRECKE: ○ HIN & ZURÜCK   ○ SCHLEIFE   ○ EINFACHE FAHRT/ SHUTTLE

ZUSTAND DES WEGES: _____
OBERFLÄCHE DES WEGES: _____

GELÄNDESICHTUNGEN: _____
_____

ZELL TELEFON-EMPFANG: _____
GEWANDERT MIT: _____
_____

WASSER VERFÜGBAR: _____
EINRICHTUNGEN: _____
_____

ESSEN UND GETRÄNKE: _____
_____

BEOBACHTUNGEN (NATUR, WILDTIERE USW.): _____
_____
_____

DAS DENKWÜRDIGSTE EREIGNIS: _____
_____
_____

ANMERKUNGEN FÜR DAS NÄCHSTE MAL: _____
_____
_____
_____
_____

STRECKENZEICHNUNG/LIEBLINGSFOTO

WANDERWEG/NAME: _____

STADT/BUNDESLAND: _____ DATUM: _____

STANDORT: _____

ZEIT: START: _____ ENDE: _____

GESAMTDAUER: _____ GESAMTENTFERNUNG: _____

GEWINN/VERLUST VON HÖHENMETERN: _____

PFAD(E): _____
_____

SCHWIERIGKEITSGRAD: ☆☆☆☆☆   BEWERTUNG: ☆☆☆☆☆

DAS WETTER: ☀️ 🌤️ 🌦️ ☁️ 🌧️ ⛈️ 🌨️ 🌡️ _____

GPS: START: _____ ENDE: _____

ART DER STRECKE: ○ HIN & ZURÜCK   ○ SCHLEIFE   ○ EINFACHE FAHRT/ SHUTTLE

ZUSTAND DES WEGES: _____

OBERFLÄCHE DES WEGES: _____

GELÄNDESICHTUNGEN: _____
_____

ZELL TELEFON-EMPFANG: _____

GEWANDERT MIT: _____
_____

WASSER VERFÜGBAR: _____

EINRICHTUNGEN: _____
_____

ESSEN UND GETRÄNKE: _____
_____

BEOBACHTUNGEN (NATUR, WILDTIERE USW.): _____
_____
_____

DAS DENKWÜRDIGSTE EREIGNIS: _____
_____
_____

ANMERKUNGEN FÜR DAS NÄCHSTE MAL: _____
_____
_____
_____

STRECKENZEICHNUNG/LIEBLINGSFOTO

WANDERWEG/NAME: _____

STADT/BUNDESLAND: _____ DATUM: _____

STANDORT: _____

ZEIT: START: _____ ENDE: _____

GESAMTDAUER: _____ GESAMTENTFERNUNG: _____

GEWINN/VERLUST VON HÖHENMETERN: _____

PFAD(E): _____
_____

SCHWIERIGKEITSGRAD: ☆☆☆☆☆   BEWERTUNG: ☆☆☆☆☆

DAS WETTER: ☀ ⛅ 🌦 ☁ 🌧 ⛈ 🌨 🌡 _____

GPS: START: _____ ENDE: _____

ART DER STRECKE: ○ HIN & ZURÜCK   ○ SCHLEIFE   ○ EINFACHE FAHRT/ SHUTTLE

ZUSTAND DES WEGES: _____

OBERFLÄCHE DES WEGES: _____

GELÄNDESICHTUNGEN: _____
_____

ZELL TELEFON-EMPFANG: _____

GEWANDERT MIT: _____
_____

WASSER VERFÜGBAR: _____

EINRICHTUNGEN: _____
_____

ESSEN UND GETRÄNKE: _____
_____

BEOBACHTUNGEN (NATUR, WILDTIERE USW.): _____
_____
_____

DAS DENKWÜRDIGSTE EREIGNIS: _____
_____
_____

ANMERKUNGEN FÜR DAS NÄCHSTE MAL: _____
_____
_____
_____
_____

STRECKENZEICHNUNG/LIEBLINGSFOTO

WANDERWEG/NAME: _____

STADT/BUNDESLAND: _____ DATUM: _____

STANDORT: _____

ZEIT: START: _____ ENDE: _____

GESAMTDAUER: _____ GESAMTENTFERNUNG: _____

GEWINN/VERLUST VON HÖHENMETERN: _____

PFAD(E): _____
_____

SCHWIERIGKEITSGRAD: ☆☆☆☆☆ BEWERTUNG: ☆☆☆☆☆

DAS WETTER: ☀️ ⛅ 🌦 ☁️ 🌧 ⛈ 🌨 🌡 _____

GPS: START: _____ ENDE: _____

ART DER STRECKE: ○ HIN & ZURÜCK ○ SCHLEIFE ○ EINFACHE FAHRT/ SHUTTLE

ZUSTAND DES WEGES: _____
OBERFLÄCHE DES WEGES: _____

GELÄNDESICHTUNGEN: _____
_____

ZELL TELEFON-EMPFANG: _____
GEWANDERT MIT: _____
_____

WASSER VERFÜGBAR: _____
EINRICHTUNGEN: _____
_____

ESSEN UND GETRÄNKE: _____
_____

BEOBACHTUNGEN (NATUR, WILDTIERE USW.): _____
_____
_____

DAS DENKWÜRDIGSTE EREIGNIS: _____
_____
_____

ANMERKUNGEN FÜR DAS NÄCHSTE MAL: _____
_____
_____
_____
_____

STRECKENZEICHNUNG/LIEBLINGSFOTO

WANDERWEG/NAME: _____

STADT/BUNDESLAND: _____ DATUM: _____

STANDORT: _____

ZEIT: START: _____ ENDE: _____

GESAMTDAUER: _____ GESAMTENTFERNUNG: _____

GEWINN/VERLUST VON HÖHENMETERN: _____

PFAD(E): _____
_____

SCHWIERIGKEITSGRAD: ☆☆☆☆☆   BEWERTUNG: ☆☆☆☆☆

DAS WETTER: ☀️ 🌤️ 🌦️ ☁️ 🌧️ ⛈️ 🌨️ 🌡️ _____

GPS: START: _____ ENDE: _____

ART DER STRECKE: ○ HIN & ZURÜCK   ○ SCHLEIFE   ○ EINFACHE FAHRT/ SHUTTLE

ZUSTAND DES WEGES: _____

OBERFLÄCHE DES WEGES: _____

GELÄNDESICHTUNGEN: _____
_____

ZELL TELEFON-EMPFANG: _____

GEWANDERT MIT: _____
_____

WASSER VERFÜGBAR: _____

EINRICHTUNGEN: _____
_____

ESSEN UND GETRÄNKE: _____
_____

BEOBACHTUNGEN (NATUR, WILDTIERE USW.): _____
_____
_____

DAS DENKWÜRDIGSTE EREIGNIS: _____
_____
_____

ANMERKUNGEN FÜR DAS NÄCHSTE MAL: _____
_____
_____
_____
_____

STRECKENZEICHNUNG/LIEBLINGSFOTO

WANDERWEG/NAME: _____

STADT/BUNDESLAND: _____ DATUM: _____

STANDORT: _____

ZEIT: START: _____ ENDE: _____

GESAMTDAUER: _____ GESAMTENTFERNUNG: _____

GEWINN/VERLUST VON HÖHENMETERN: _____

PFAD(E): _____
_____

SCHWIERIGKEITSGRAD: ☆☆☆☆☆   BEWERTUNG: ☆☆☆☆☆

DAS WETTER: ☀️ ⛅ 🌦️ ☁️ 🌧️ ⛈️ 🌨️ 🌡️ _____

GPS: START: _____ ENDE: _____

ART DER STRECKE: ○ HIN & ZURÜCK   ○ SCHLEIFE   ○ EINFACHE FAHRT/ SHUTTLE

ZUSTAND DES WEGES: _____

OBERFLÄCHE DES WEGES: _____

GELÄNDESICHTUNGEN: _____
_____

ZELL TELEFON-EMPFANG: _____

GEWANDERT MIT: _____
_____

WASSER VERFÜGBAR: _____

EINRICHTUNGEN: _____
_____

ESSEN UND GETRÄNKE: _____
_____

BEOBACHTUNGEN (NATUR, WILDTIERE USW.): _____
_____
_____

DAS DENKWÜRDIGSTE EREIGNIS: _____
_____
_____

ANMERKUNGEN FÜR DAS NÄCHSTE MAL: _____
_____
_____
_____
_____

STRECKENZEICHNUNG/LIEBLINGSFOTO

WANDERWEG/NAME: _____

STADT/BUNDESLAND: _____ DATUM: _____

STANDORT: _____

ZEIT: START: _____ ENDE: _____

GESAMTDAUER: _____ GESAMTENTFERNUNG: _____

GEWINN/VERLUST VON HÖHENMETERN: _____

PFAD(E): _____
_____

SCHWIERIGKEITSGRAD: ☆☆☆☆☆   BEWERTUNG: ☆☆☆☆☆

DAS WETTER: ☀ ⛅ 🌦 ☁ 🌧 ⛈ 🌨 🌡 _____

GPS: START: _____ ENDE: _____

ART DER STRECKE: ○ HIN & ZURÜCK   ○ SCHLEIFE   ○ EINFACHE FAHRT/ SHUTTLE

ZUSTAND DES WEGES: _____

OBERFLÄCHE DES WEGES: _____

GELÄNDESICHTUNGEN: _____
_____

ZELL TELEFON-EMPFANG: _____

GEWANDERT MIT: _____
_____

WASSER VERFÜGBAR: _____

EINRICHTUNGEN: _____
_____

ESSEN UND GETRÄNKE: _____
_____

BEOBACHTUNGEN (NATUR, WILDTIERE USW.):

DAS DENKWÜRDIGSTE EREIGNIS:

ANMERKUNGEN FÜR DAS NÄCHSTE MAL:

STRECKENZEICHNUNG/LIEBLINGSFOTO

WANDERWEG/NAME: _____

STADT/BUNDESLAND: _____ DATUM: _____

STANDORT: _____

ZEIT: START: _____ ENDE: _____

GESAMTDAUER: _____ GESAMTENTFERNUNG: _____

GEWINN/VERLUST VON HÖHENMETERN: _____

PFAD(E): _____
_____

SCHWIERIGKEITSGRAD: ☆☆☆☆☆   BEWERTUNG: ☆☆☆☆☆

DAS WETTER: ☀️ ⛅ 🌦️ ☁️ 🌧️ ⛈️ 🌨️ 🌡️ _____

GPS: START: _____ ENDE: _____

ART DER STRECKE: ○ HIN & ZURÜCK   ○ SCHLEIFE   ○ EINFACHE FAHRT/ SHUTTLE

ZUSTAND DES WEGES: _____

OBERFLÄCHE DES WEGES: _____

GELÄNDESICHTUNGEN: _____
_____

ZELL TELEFON-EMPFANG: _____

GEWANDERT MIT: _____
_____

WASSER VERFÜGBAR: _____

EINRICHTUNGEN: _____
_____

ESSEN UND GETRÄNKE: _____
_____

BEOBACHTUNGEN (NATUR, WILDTIERE USW.): _____
_____
_____

DAS DENKWÜRDIGSTE EREIGNIS: _____
_____
_____

ANMERKUNGEN FÜR DAS NÄCHSTE MAL: _____
_____
_____
_____
_____

STRECKENZEICHNUNG/LIEBLINGSFOTO

WANDERWEG/NAME: _____

STADT/BUNDESLAND: _____ DATUM: _____

STANDORT: _____

ZEIT: START: _____ ENDE: _____

GESAMTDAUER: _____ GESAMTENTFERNUNG: _____

GEWINN/VERLUST VON HÖHENMETERN: _____

PFAD(E): _____
_____

SCHWIERIGKEITSGRAD: ☆☆☆☆☆   BEWERTUNG: ☆☆☆☆☆

DAS WETTER: ☀ ⛅ 🌦 ☁ 🌧 ⛈ 🌨 🌡 _____

GPS: START: _____ ENDE: _____

ART DER STRECKE: ○ HIN & ZURÜCK ○ SCHLEIFE ○ EINFACHE FAHRT/ SHUTTLE

ZUSTAND DES WEGES: _____

OBERFLÄCHE DES WEGES: _____

GELÄNDESICHTUNGEN: _____
_____

ZELL TELEFON-EMPFANG: _____

GEWANDERT MIT: _____
_____

WASSER VERFÜGBAR: _____

EINRICHTUNGEN: _____
_____

ESSEN UND GETRÄNKE: _____
_____

BEOBACHTUNGEN (NATUR, WILDTIERE USW.): _____
_____
_____

DAS DENKWÜRDIGSTE EREIGNIS: _____
_____
_____

ANMERKUNGEN FÜR DAS NÄCHSTE MAL: _____
_____
_____
_____
_____

STRECKENZEICHNUNG/LIEBLINGSFOTO

WANDERWEG/NAME: _____

STADT/BUNDESLAND: _____ DATUM: _____

STANDORT: _____

ZEIT: START: _____ ENDE: _____

GESAMTDAUER: _____ GESAMTENTFERNUNG: _____

GEWINN/VERLUST VON HÖHENMETERN: _____

PFAD(E): _____

_____

SCHWIERIGKEITSGRAD: ☆☆☆☆☆   BEWERTUNG: ☆☆☆☆☆

DAS WETTER: ☀ ⛅ 🌦 ☁ 🌧 ⛈ 🌨 🌡 _____

GPS: START: _____ ENDE: _____

ART DER STRECKE: ○ HIN & ZURÜCK   ○ SCHLEIFE   ○ EINFACHE FAHRT/ SHUTTLE

ZUSTAND DES WEGES: _____

OBERFLÄCHE DES WEGES: _____

GELÄNDESICHTUNGEN: _____

_____

ZELL TELEFON-EMPFANG: _____

GEWANDERT MIT: _____

_____

WASSER VERFÜGBAR: _____

EINRICHTUNGEN: _____

_____

ESSEN UND GETRÄNKE: _____

_____

BEOBACHTUNGEN (NATUR, WILDTIERE USW.):

DAS DENKWÜRDIGSTE EREIGNIS:

ANMERKUNGEN FÜR DAS NÄCHSTE MAL:

STRECKENZEICHNUNG/LIEBLINGSFOTO

WANDERWEG/NAME: _____

STADT/BUNDESLAND: _____ DATUM: _____

STANDORT: _____

ZEIT: START: _____ ENDE: _____

GESAMTDAUER: _____ GESAMTENTFERNUNG: _____

GEWINN/VERLUST VON HÖHENMETERN: _____

PFAD(E): _____
_____

SCHWIERIGKEITSGRAD: ☆☆☆☆☆   BEWERTUNG: ☆☆☆☆☆

DAS WETTER: ☀️ 🌤️ 🌦️ ☁️ 🌧️ ⛈️ ❄️ 🌡️ _____

GPS: START: _____ ENDE: _____

ART DER STRECKE: ○ HIN & ZURÜCK ○ SCHLEIFE ○ EINFACHE FAHRT/ SHUTTLE

ZUSTAND DES WEGES: _____

OBERFLÄCHE DES WEGES: _____

GELÄNDESICHTUNGEN: _____
_____

ZELL TELEFON-EMPFANG: _____

GEWANDERT MIT: _____
_____

WASSER VERFÜGBAR: _____

EINRICHTUNGEN: _____
_____

ESSEN UND GETRÄNKE: _____
_____

BEOBACHTUNGEN (NATUR, WILDTIERE USW.): _____
_____
_____

DAS DENKWÜRDIGSTE EREIGNIS: _____
_____
_____

ANMERKUNGEN FÜR DAS NÄCHSTE MAL: _____
_____
_____
_____
_____

STRECKENZEICHNUNG/LIEBLINGSFOTO

WANDERWEG/NAME: _____

STADT/BUNDESLAND: _____ DATUM: _____

STANDORT: _____

ZEIT: START: _____ ENDE: _____

GESAMTDAUER: _____ GESAMTENTFERNUNG: _____

GEWINN/VERLUST VON HÖHENMETERN: _____

PFAD(E): _____
_____

SCHWIERIGKEITSGRAD: ☆☆☆☆☆   BEWERTUNG: ☆☆☆☆☆

DAS WETTER: ☀️ ⛅ 🌦️ ☁️ 🌧️ ⛈️ ❄️ 🌡️_____

GPS: START: _____ ENDE: _____

ART DER STRECKE: ○ HIN & ZURÜCK   ○ SCHLEIFE   ○ EINFACHE FAHRT/ SHUTTLE

ZUSTAND DES WEGES: _____

OBERFLÄCHE DES WEGES: _____

GELÄNDESICHTUNGEN: _____
_____

ZELL TELEFON-EMPFANG: _____

GEWANDERT MIT: _____
_____

WASSER VERFÜGBAR: _____

EINRICHTUNGEN: _____
_____

ESSEN UND GETRÄNKE: _____
_____

BEOBACHTUNGEN (NATUR, WILDTIERE USW.): _____
_____
_____

DAS DENKWÜRDIGSTE EREIGNIS: _____
_____
_____

ANMERKUNGEN FÜR DAS NÄCHSTE MAL: _____
_____
_____
_____
_____

STRECKENZEICHNUNG/LIEBLINGSFOTO

WANDERWEG/NAME: _____

STADT/BUNDESLAND: _____ DATUM: _____

STANDORT: _____

ZEIT: START: _____ ENDE: _____

GESAMTDAUER: _____ GESAMTENTFERNUNG: _____

GEWINN/VERLUST VON HÖHENMETERN: _____

PFAD(E): _____
_____

SCHWIERIGKEITSGRAD: ☆☆☆☆☆   BEWERTUNG: ☆☆☆☆☆

DAS WETTER: ☀️ ⛅ 🌦️ ☁️ 🌧️ ⛈️ 🌨️ 🌡️ _____

GPS: START: _____ ENDE: _____

ART DER STRECKE: ○ HIN & ZURÜCK   ○ SCHLEIFE   ○ EINFACHE FAHRT/ SHUTTLE

ZUSTAND DES WEGES: _____

OBERFLÄCHE DES WEGES: _____

GELÄNDESICHTUNGEN: _____
_____

ZELL TELEFON-EMPFANG: _____

GEWANDERT MIT: _____
_____

WASSER VERFÜGBAR: _____

EINRICHTUNGEN: _____
_____

ESSEN UND GETRÄNKE: _____
_____

BEOBACHTUNGEN (NATUR, WILDTIERE USW.): _____
_____
_____

DAS DENKWÜRDIGSTE EREIGNIS: _____
_____
_____

ANMERKUNGEN FÜR DAS NÄCHSTE MAL: _____
_____
_____
_____
_____

STRECKENZEICHNUNG/LIEBLINGSFOTO

WANDERWEG/NAME: _____

STADT/BUNDESLAND: _____ DATUM: _____

STANDORT: _____

ZEIT: START: _____ ENDE: _____

GESAMTDAUER: _____ GESAMTENTFERNUNG: _____

GEWINN/VERLUST VON HÖHENMETERN: _____

PFAD(E): _____
_____

SCHWIERIGKEITSGRAD: ☆☆☆☆☆   BEWERTUNG: ☆☆☆☆☆

DAS WETTER: ☀️ ⛅ 🌦️ ☁️ 🌧️ ⛈️ 🌨️ 🌡️ _____

GPS: START: _____ ENDE: _____

ART DER STRECKE: ○ HIN & ZURÜCK   ○ SCHLEIFE   ○ EINFACHE FAHRT/ SHUTTLE

ZUSTAND DES WEGES: _____

OBERFLÄCHE DES WEGES: _____

GELÄNDESICHTUNGEN: _____
_____

ZELL TELEFON-EMPFANG: _____

GEWANDERT MIT: _____
_____

WASSER VERFÜGBAR: _____

EINRICHTUNGEN: _____
_____

ESSEN UND GETRÄNKE: _____
_____

BEOBACHTUNGEN (NATUR, WILDTIERE USW.): _____
_____

DAS DENKWÜRDIGSTE EREIGNIS: _____
_____

ANMERKUNGEN FÜR DAS NÄCHSTE MAL: _____
_____
_____
_____

STRECKENZEICHNUNG/LIEBLINGSFOTO

WANDERWEG/NAME: _____

STADT/BUNDESLAND: _____ DATUM: _____

STANDORT: _____

ZEIT: START: _____ ENDE: _____

GESAMTDAUER: _____ GESAMTENTFERNUNG: _____

GEWINN/VERLUST VON HÖHENMETERN: _____

PFAD(E): _____
_____

SCHWIERIGKEITSGRAD: ☆☆☆☆☆   BEWERTUNG: ☆☆☆☆☆

DAS WETTER: ☀️ ⛅ 🌦️ ☁️ 🌧️ ⛈️ 🌨️ 🌡️ _____

GPS: START: _____ ENDE: _____

ART DER STRECKE: ○ HIN & ZURÜCK   ○ SCHLEIFE   ○ EINFACHE FAHRT/ SHUTTLE

ZUSTAND DES WEGES: _____

OBERFLÄCHE DES WEGES: _____

GELÄNDESICHTUNGEN: _____
_____

ZELL TELEFON-EMPFANG: _____

GEWANDERT MIT: _____
_____

WASSER VERFÜGBAR: _____

EINRICHTUNGEN: _____
_____

ESSEN UND GETRÄNKE: _____
_____

BEOBACHTUNGEN (NATUR, WILDTIERE USW.): _____
_____

DAS DENKWÜRDIGSTE EREIGNIS: _____
_____

ANMERKUNGEN FÜR DAS NÄCHSTE MAL: _____
_____
_____
_____

STRECKENZEICHNUNG/LIEBLINGSFOTO

WANDERWEG/NAME: _____

STADT/BUNDESLAND: _____ DATUM: _____

STANDORT: _____

ZEIT: START: _____ ENDE: _____

GESAMTDAUER: _____ GESAMTENTFERNUNG: _____

GEWINN/VERLUST VON HÖHENMETERN: _____

PFAD(E): _____
_____

SCHWIERIGKEITSGRAD: ☆☆☆☆☆ BEWERTUNG: ☆☆☆☆☆

DAS WETTER: ☀️ 🌤️ 🌦️ ☁️ 🌧️ ⛈️ 🌨️ 🌡️ _____

GPS: START: _____ ENDE: _____

ART DER STRECKE: ○ HIN & ZURÜCK   ○ SCHLEIFE   ○ EINFACHE FAHRT/ SHUTTLE

ZUSTAND DES WEGES: _____

OBERFLÄCHE DES WEGES: _____

GELÄNDESICHTUNGEN: _____
_____

ZELL TELEFON-EMPFANG: _____

GEWANDERT MIT: _____
_____

WASSER VERFÜGBAR: _____

EINRICHTUNGEN: _____
_____

ESSEN UND GETRÄNKE: _____
_____

BEOBACHTUNGEN (NATUR, WILDTIERE USW.): _____
_____
_____

DAS DENKWÜRDIGSTE EREIGNIS: _____
_____
_____

ANMERKUNGEN FÜR DAS NÄCHSTE MAL: _____
_____
_____
_____
_____

STRECKENZEICHNUNG/LIEBLINGSFOTO

WANDERWEG/NAME: _____

STADT/BUNDESLAND: _____ DATUM: _____

STANDORT: _____

ZEIT: START: _____ ENDE: _____

GESAMTDAUER: _____ GESAMTENTFERNUNG: _____

GEWINN/VERLUST VON HÖHENMETERN: _____

PFAD(E): _____
_____

SCHWIERIGKEITSGRAD: ☆☆☆☆☆ BEWERTUNG: ☆☆☆☆☆

DAS WETTER: ☀ ⛅ 🌦 ☁ 🌧 ⛈ 🌨 🌡 _____

GPS: START: _____ ENDE: _____

ART DER STRECKE: ○ HIN & ZURÜCK ○ SCHLEIFE ○ EINFACHE FAHRT/ SHUTTLE

ZUSTAND DES WEGES: _____

OBERFLÄCHE DES WEGES: _____

GELÄNDESICHTUNGEN: _____
_____

ZELL TELEFON-EMPFANG: _____

GEWANDERT MIT: _____
_____

WASSER VERFÜGBAR: _____

EINRICHTUNGEN: _____
_____

ESSEN UND GETRÄNKE: _____
_____

BEOBACHTUNGEN (NATUR, WILDTIERE USW.): _____
_____
_____

DAS DENKWÜRDIGSTE EREIGNIS: _____
_____
_____

ANMERKUNGEN FÜR DAS NÄCHSTE MAL: _____
_____
_____
_____
_____

STRECKENZEICHNUNG/LIEBLINGSFOTO

WANDERWEG/NAME: _____

STADT/BUNDESLAND: _____ DATUM: _____

STANDORT: _____

ZEIT: START: _____ ENDE: _____

GESAMTDAUER: _____ GESAMTENTFERNUNG: _____

GEWINN/VERLUST VON HÖHENMETERN: _____

PFAD(E): _____
_____

SCHWIERIGKEITSGRAD: ☆☆☆☆☆ BEWERTUNG: ☆☆☆☆☆

DAS WETTER: ☀ ⛅ 🌦 ☁ 🌧 ⛈ 🌨 🌡 _____

GPS: START: _____ ENDE: _____

ART DER STRECKE: ○ HIN & ZURÜCK   ○ SCHLEIFE   ○ EINFACHE FAHRT/ SHUTTLE

ZUSTAND DES WEGES: _____
OBERFLÄCHE DES WEGES: _____

GELÄNDESICHTUNGEN: _____
_____

ZELL TELEFON-EMPFANG: _____
GEWANDERT MIT: _____
_____

WASSER VERFÜGBAR: _____
EINRICHTUNGEN: _____
_____

ESSEN UND GETRÄNKE: _____
_____

BEOBACHTUNGEN (NATUR, WILDTIERE USW.): _____
_____
_____

DAS DENKWÜRDIGSTE EREIGNIS: _____
_____
_____

ANMERKUNGEN FÜR DAS NÄCHSTE MAL: _____
_____
_____
_____
_____

STRECKENZEICHNUNG/LIEBLINGSFOTO

WANDERWEG/NAME: _____

STADT/BUNDESLAND: _____ DATUM: _____

STANDORT: _____

ZEIT: START: _____ ENDE: _____

GESAMTDAUER: _____ GESAMTENTFERNUNG: _____

GEWINN/VERLUST VON HÖHENMETERN: _____

PFAD(E): _____
_____

SCHWIERIGKEITSGRAD: ☆☆☆☆☆ BEWERTUNG: ☆☆☆☆☆

DAS WETTER: ☀️ ⛅ 🌦️ ☁️ 🌧️ ⛈️ 🌨️ 🌡️ _____

GPS: START: _____ ENDE: _____

ART DER STRECKE: ○ HIN & ZURÜCK ○ SCHLEIFE ○ EINFACHE FAHRT/ SHUTTLE

ZUSTAND DES WEGES: _____

OBERFLÄCHE DES WEGES: _____

GELÄNDESICHTUNGEN: _____
_____

ZELL TELEFON-EMPFANG: _____

GEWANDERT MIT: _____
_____

WASSER VERFÜGBAR: _____

EINRICHTUNGEN: _____
_____

ESSEN UND GETRÄNKE: _____
_____

BEOBACHTUNGEN (NATUR, WILDTIERE USW.): _____
_____
_____

DAS DENKWÜRDIGSTE EREIGNIS: _____
_____
_____

ANMERKUNGEN FÜR DAS NÄCHSTE MAL: _____
_____
_____
_____

STRECKENZEICHNUNG/LIEBLINGSFOTO

WANDERWEG/NAME: _____

STADT/BUNDESLAND: _____ DATUM: _____

STANDORT: _____

ZEIT: START: _____ ENDE: _____

GESAMTDAUER: _____ GESAMTENTFERNUNG: _____

GEWINN/VERLUST VON HÖHENMETERN: _____

PFAD(E): _____
_____

SCHWIERIGKEITSGRAD: ☆☆☆☆☆   BEWERTUNG: ☆☆☆☆☆

DAS WETTER: ☀ ⛅ 🌦 ☁ 🌧 ⛈ 🌨 🌡 _____

GPS: START: _____ ENDE: _____

ART DER STRECKE: ○ HIN & ZURÜCK   ○ SCHLEIFE   ○ EINFACHE FAHRT/ SHUTTLE

ZUSTAND DES WEGES: _____
OBERFLÄCHE DES WEGES: _____

GELÄNDESICHTUNGEN: _____
_____

ZELL TELEFON-EMPFANG: _____
GEWANDERT MIT: _____
_____

WASSER VERFÜGBAR: _____
EINRICHTUNGEN: _____
_____

ESSEN UND GETRÄNKE: _____
_____

BEOBACHTUNGEN (NATUR, WILDTIERE USW.): _____
_____
_____

DAS DENKWÜRDIGSTE EREIGNIS: _____
_____
_____

ANMERKUNGEN FÜR DAS NÄCHSTE MAL: _____
_____
_____
_____
_____

STRECKENZEICHNUNG/LIEBLINGSFOTO

WANDERWEG/NAME: _____

STADT/BUNDESLAND: _____ DATUM: _____

STANDORT: _____

ZEIT: START: _____ ENDE: _____

GESAMTDAUER: _____ GESAMTENTFERNUNG: _____

GEWINN/VERLUST VON HÖHENMETERN: _____

PFAD(E): _____
_____

SCHWIERIGKEITSGRAD: ☆☆☆☆☆   BEWERTUNG: ☆☆☆☆☆

DAS WETTER: ☀ ⛅ 🌦 ☁ 🌧 ⛈ 🌨 🌡 _____

GPS: START: _____ ENDE: _____

ART DER STRECKE: ○ HIN & ZURÜCK   ○ SCHLEIFE   ○ EINFACHE FAHRT/ SHUTTLE

ZUSTAND DES WEGES: _____

OBERFLÄCHE DES WEGES: _____

GELÄNDESICHTUNGEN: _____
_____

ZELL TELEFON-EMPFANG: _____

GEWANDERT MIT: _____
_____

WASSER VERFÜGBAR: _____

EINRICHTUNGEN: _____
_____

ESSEN UND GETRÄNKE: _____
_____

BEOBACHTUNGEN (NATUR, WILDTIERE USW.): _____
_____
_____

DAS DENKWÜRDIGSTE EREIGNIS: _____
_____
_____

ANMERKUNGEN FÜR DAS NÄCHSTE MAL: _____
_____
_____
_____
_____

STRECKENZEICHNUNG/LIEBLINGSFOTO

WANDERWEG/NAME: _____

STADT/BUNDESLAND: _____ DATUM: _____

STANDORT: _____

ZEIT: START: _____ ENDE: _____

GESAMTDAUER: _____ GESAMTENTFERNUNG: _____

GEWINN/VERLUST VON HÖHENMETERN: _____

PFAD(E): _____
_____

SCHWIERIGKEITSGRAD: ☆☆☆☆☆   BEWERTUNG: ☆☆☆☆☆

DAS WETTER: ☀ ⛅ 🌦 ☁ 🌧 ⛈ 🌨 🌡 _____

GPS: START: _____ ENDE: _____

ART DER STRECKE: ○ HIN & ZURÜCK   ○ SCHLEIFE   ○ EINFACHE FAHRT/ SHUTTLE

ZUSTAND DES WEGES: _____

OBERFLÄCHE DES WEGES: _____

GELÄNDESICHTUNGEN: _____
_____

ZELL TELEFON-EMPFANG: _____

GEWANDERT MIT: _____
_____

WASSER VERFÜGBAR: _____

EINRICHTUNGEN: _____
_____

ESSEN UND GETRÄNKE: _____
_____

BEOBACHTUNGEN (NATUR, WILDTIERE USW.): _____
_____
_____

DAS DENKWÜRDIGSTE EREIGNIS: _____
_____
_____

ANMERKUNGEN FÜR DAS NÄCHSTE MAL: _____
_____
_____
_____
_____

STRECKENZEICHNUNG/LIEBLINGSFOTO

WANDERWEG/NAME: _____

STADT/BUNDESLAND: _____ DATUM: _____

STANDORT: _____

ZEIT: START: _____ ENDE: _____

GESAMTDAUER: _____ GESAMTENTFERNUNG: _____

GEWINN/VERLUST VON HÖHENMETERN: _____

PFAD(E): _____
_____

SCHWIERIGKEITSGRAD: ☆☆☆☆☆   BEWERTUNG: ☆☆☆☆☆

DAS WETTER: ☀️ 🌤️ 🌦️ ☁️ 🌧️ ⛈️ 🌨️ 🌡️ _____

GPS: START: _____ ENDE: _____

ART DER STRECKE: ○ HIN & ZURÜCK   ○ SCHLEIFE   ○ EINFACHE FAHRT/ SHUTTLE

ZUSTAND DES WEGES: _____
OBERFLÄCHE DES WEGES: _____
GELÄNDESICHTUNGEN: _____
_____

ZELL TELEFON-EMPFANG: _____
GEWANDERT MIT: _____
_____

WASSER VERFÜGBAR: _____
EINRICHTUNGEN: _____
_____

ESSEN UND GETRÄNKE: _____
_____

BEOBACHTUNGEN (NATUR, WILDTIERE USW.): _____
_____
_____

DAS DENKWÜRDIGSTE EREIGNIS: _____
_____
_____

ANMERKUNGEN FÜR DAS NÄCHSTE MAL: _____
_____
_____
_____
_____

STRECKENZEICHNUNG/LIEBLINGSFOTO

WANDERWEG/NAME: _____

STADT/BUNDESLAND: _____ DATUM: _____

STANDORT: _____

ZEIT: START: _____ ENDE: _____

GESAMTDAUER: _____ GESAMTENTFERNUNG: _____

GEWINN/VERLUST VON HÖHENMETERN: _____

PFAD(E): _____
_____

SCHWIERIGKEITSGRAD: ☆☆☆☆☆ BEWERTUNG: ☆☆☆☆☆

DAS WETTER: ☀ ⛅ 🌦 ☁ 🌧 ⛈ 🌨 🌡 _____

GPS: START: _____ ENDE: _____

ART DER STRECKE: ○ HIN & ZURÜCK ○ SCHLEIFE ○ EINFACHE FAHRT/ SHUTTLE

ZUSTAND DES WEGES: _____

OBERFLÄCHE DES WEGES: _____

GELÄNDESICHTUNGEN: _____
_____

ZELL TELEFON-EMPFANG: _____

GEWANDERT MIT: _____
_____

WASSER VERFÜGBAR: _____

EINRICHTUNGEN: _____
_____

ESSEN UND GETRÄNKE: _____
_____

BEOBACHTUNGEN (NATUR, WILDTIERE USW.): _____
_____
_____

DAS DENKWÜRDIGSTE EREIGNIS: _____
_____
_____

ANMERKUNGEN FÜR DAS NÄCHSTE MAL: _____
_____
_____
_____
_____

STRECKENZEICHNUNG/LIEBLINGSFOTO

WANDERWEG/NAME: _____

STADT/BUNDESLAND: _____ DATUM: _____

STANDORT: _____

ZEIT: START: _____ ENDE: _____

GESAMTDAUER: _____ GESAMTENTFERNUNG: _____

GEWINN/VERLUST VON HÖHENMETERN: _____

PFAD(E): _____

_____

SCHWIERIGKEITSGRAD: ☆☆☆☆☆   BEWERTUNG: ☆☆☆☆☆

DAS WETTER: ☀ ⛅ 🌦 ☁ 🌧 ⛈ 🌨 🌡 _____

GPS: START: _____ ENDE: _____

ART DER STRECKE: ○ HIN & ZURÜCK   ○ SCHLEIFE   ○ EINFACHE FAHRT/ SHUTTLE

ZUSTAND DES WEGES: _____

OBERFLÄCHE DES WEGES: _____

GELÄNDESICHTUNGEN: _____

_____

ZELL TELEFON-EMPFANG: _____

GEWANDERT MIT: _____

_____

WASSER VERFÜGBAR: _____

EINRICHTUNGEN: _____

_____

ESSEN UND GETRÄNKE: _____

_____

BEOBACHTUNGEN (NATUR, WILDTIERE USW.): _____
_____
_____

DAS DENKWÜRDIGSTE EREIGNIS: _____
_____
_____

ANMERKUNGEN FÜR DAS NÄCHSTE MAL: _____
_____
_____
_____
_____

STRECKENZEICHNUNG/LIEBLINGSFOTO

WANDERWEG/NAME: _____

STADT/BUNDESLAND: _____ DATUM: _____

STANDORT: _____

ZEIT: START: _____ ENDE: _____

GESAMTDAUER: _____ GESAMTENTFERNUNG: _____

GEWINN/VERLUST VON HÖHENMETERN: _____

PFAD(E): _____
_____

SCHWIERIGKEITSGRAD: ☆☆☆☆☆   BEWERTUNG: ☆☆☆☆☆

DAS WETTER: ☀️ ⛅ 🌦️ ☁️ 🌧️ ⛈️ 🌨️ 🌡️ _____

GPS: START: _____ ENDE: _____

ART DER STRECKE: ○ HIN & ZURÜCK   ○ SCHLEIFE   ○ EINFACHE FAHRT/ SHUTTLE

ZUSTAND DES WEGES: _____
OBERFLÄCHE DES WEGES: _____
GELÄNDESICHTUNGEN: _____
_____
ZELL TELEFON-EMPFANG: _____
GEWANDERT MIT: _____
_____
WASSER VERFÜGBAR: _____
EINRICHTUNGEN: _____
_____
ESSEN UND GETRÄNKE: _____
_____

BEOBACHTUNGEN (NATUR, WILDTIERE USW.): _____
_____
_____

DAS DENKWÜRDIGSTE EREIGNIS: _____
_____
_____

ANMERKUNGEN FÜR DAS NÄCHSTE MAL: _____
_____
_____
_____
_____

STRECKENZEICHNUNG/LIEBLINGSFOTO

WANDERWEG/NAME: _____

STADT/BUNDESLAND: _____ DATUM: _____

STANDORT: _____

ZEIT: START: _____ ENDE: _____

GESAMTDAUER: _____ GESAMTENTFERNUNG: _____

GEWINN/VERLUST VON HÖHENMETERN: _____

PFAD(E): _____
_____

SCHWIERIGKEITSGRAD: ☆☆☆☆☆   BEWERTUNG: ☆☆☆☆☆

DAS WETTER: ☀️ ⛅ 🌦️ ☁️ 🌧️ ⛈️ 🌨️ 🌡️ _____

GPS: START: _____ ENDE: _____

ART DER STRECKE: ○ HIN & ZURÜCK   ○ SCHLEIFE   ○ EINFACHE FAHRT/ SHUTTLE

ZUSTAND DES WEGES: _____

OBERFLÄCHE DES WEGES: _____

GELÄNDESICHTUNGEN: _____
_____

ZELL TELEFON-EMPFANG: _____

GEWANDERT MIT: _____
_____

WASSER VERFÜGBAR: _____

EINRICHTUNGEN: _____
_____

ESSEN UND GETRÄNKE: _____
_____

BEOBACHTUNGEN (NATUR, WILDTIERE USW.): _____
_____
_____

DAS DENKWÜRDIGSTE EREIGNIS: _____
_____
_____

ANMERKUNGEN FÜR DAS NÄCHSTE MAL: _____
_____
_____
_____
_____

STRECKENZEICHNUNG/LIEBLINGSFOTO

WANDERWEG/NAME: _____

STADT/BUNDESLAND: _____ DATUM: _____

STANDORT: _____

ZEIT: START: _____ ENDE: _____

GESAMTDAUER: _____ GESAMTENTFERNUNG: _____

GEWINN/VERLUST VON HÖHENMETERN: _____

PFAD(E): _____
_____

SCHWIERIGKEITSGRAD: ☆☆☆☆☆   BEWERTUNG: ☆☆☆☆☆

DAS WETTER: ☀️ 🌤️ 🌦️ ☁️ 🌧️ ⛈️ 🌨️ 🌡️ _____

GPS: START: _____ ENDE: _____

ART DER STRECKE: ○ HIN & ZURÜCK   ○ SCHLEIFE   ○ EINFACHE FAHRT/ SHUTTLE

ZUSTAND DES WEGES: _____
OBERFLÄCHE DES WEGES: _____
GELÄNDESICHTUNGEN: _____
_____
ZELL TELEFON-EMPFANG: _____
GEWANDERT MIT: _____
_____
WASSER VERFÜGBAR: _____
EINRICHTUNGEN: _____
_____
ESSEN UND GETRÄNKE: _____
_____

BEOBACHTUNGEN (NATUR, WILDTIERE USW.): _____
_____
_____

DAS DENKWÜRDIGSTE EREIGNIS: _____
_____
_____

ANMERKUNGEN FÜR DAS NÄCHSTE MAL: _____
_____
_____
_____

STRECKENZEICHNUNG/LIEBLINGSFOTO

WANDERWEG/NAME: _____

STADT/BUNDESLAND: _____ DATUM: _____

STANDORT: _____

ZEIT: START: _____ ENDE: _____

GESAMTDAUER: _____ GESAMTENTFERNUNG: _____

GEWINN/VERLUST VON HÖHENMETERN: _____

PFAD(E): _____
_____

SCHWIERIGKEITSGRAD: ☆☆☆☆☆   BEWERTUNG: ☆☆☆☆☆

DAS WETTER: ☀ ⛅ 🌦 ☁ 🌧 ⛈ 🌨 🌡 _____

GPS: START: _____ ENDE: _____

ART DER STRECKE: ○ HIN & ZURÜCK   ○ SCHLEIFE   ○ EINFACHE FAHRT/ SHUTTLE

ZUSTAND DES WEGES: _____

OBERFLÄCHE DES WEGES: _____

GELÄNDESICHTUNGEN: _____
_____

ZELL TELEFON-EMPFANG: _____

GEWANDERT MIT: _____
_____

WASSER VERFÜGBAR: _____

EINRICHTUNGEN: _____
_____

ESSEN UND GETRÄNKE: _____
_____

BEOBACHTUNGEN (NATUR, WILDTIERE USW.): _____
_____
_____

DAS DENKWÜRDIGSTE EREIGNIS: _____
_____
_____

ANMERKUNGEN FÜR DAS NÄCHSTE MAL: _____
_____
_____
_____
_____

STRECKENZEICHNUNG/LIEBLINGSFOTO

WANDERWEG/NAME: _____

STADT/BUNDESLAND: _____ DATUM: _____

STANDORT: _____

ZEIT: START: _____ ENDE: _____

GESAMTDAUER: _____ GESAMTENTFERNUNG: _____

GEWINN/VERLUST VON HÖHENMETERN: _____

PFAD(E): _____
_____

SCHWIERIGKEITSGRAD: ☆☆☆☆☆ BEWERTUNG: ☆☆☆☆☆

DAS WETTER: ☀️ 🌤️ 🌦️ ☁️ 🌧️ ⛈️ 🌨️ 🌡️ _____

GPS: START: _____ ENDE: _____

ART DER STRECKE: ○ HIN & ZURÜCK   ○ SCHLEIFE   ○ EINFACHE FAHRT/ SHUTTLE

ZUSTAND DES WEGES: _____
OBERFLÄCHE DES WEGES: _____

GELÄNDESICHTUNGEN: _____
_____

ZELL TELEFON-EMPFANG: _____
GEWANDERT MIT: _____
_____

WASSER VERFÜGBAR: _____
EINRICHTUNGEN: _____
_____

ESSEN UND GETRÄNKE: _____
_____

BEOBACHTUNGEN (NATUR, WILDTIERE USW.): _____
_____
_____

DAS DENKWÜRDIGSTE EREIGNIS: _____
_____
_____

ANMERKUNGEN FÜR DAS NÄCHSTE MAL: _____
_____
_____
_____
_____

STRECKENZEICHNUNG/LIEBLINGSFOTO

WANDERWEG/NAME: _____

STADT/BUNDESLAND: _____ DATUM: _____

STANDORT: _____

ZEIT: START: _____ ENDE: _____

GESAMTDAUER: _____ GESAMTENTFERNUNG: _____

GEWINN/VERLUST VON HÖHENMETERN: _____

PFAD(E): _____
_____

SCHWIERIGKEITSGRAD: ☆☆☆☆☆   BEWERTUNG: ☆☆☆☆☆

DAS WETTER: ☀ ⛅ 🌦 ☁ 🌧 ⛈ 🌨 🌡 _____

GPS: START: _____ ENDE: _____

ART DER STRECKE: ○ HIN & ZURÜCK   ○ SCHLEIFE   ○ EINFACHE FAHRT/ SHUTTLE

ZUSTAND DES WEGES: _____

OBERFLÄCHE DES WEGES: _____

GELÄNDESICHTUNGEN: _____
_____

ZELL TELEFON-EMPFANG: _____

GEWANDERT MIT: _____
_____

WASSER VERFÜGBAR: _____

EINRICHTUNGEN: _____
_____

ESSEN UND GETRÄNKE: _____
_____

BEOBACHTUNGEN (NATUR, WILDTIERE USW.): _____
_____
_____

DAS DENKWÜRDIGSTE EREIGNIS: _____
_____
_____

ANMERKUNGEN FÜR DAS NÄCHSTE MAL: _____
_____
_____
_____
_____

STRECKENZEICHNUNG/LIEBLINGSFOTO

WANDERWEG/NAME: _____

STADT/BUNDESLAND: _____ DATUM: _____

STANDORT: _____

ZEIT: START: _____ ENDE: _____

GESAMTDAUER: _____ GESAMTENTFERNUNG: _____

GEWINN/VERLUST VON HÖHENMETERN: _____

PFAD(E): _____
_____

SCHWIERIGKEITSGRAD: ☆☆☆☆☆   BEWERTUNG: ☆☆☆☆☆

DAS WETTER: ☀ ⛅ 🌦 ☁ 🌧 ⛈ 🌨 🌡 _____

GPS: START: _____ ENDE: _____

ART DER STRECKE: ○ HIN & ZURÜCK   ○ SCHLEIFE   ○ EINFACHE FAHRT/ SHUTTLE

ZUSTAND DES WEGES: _____
OBERFLÄCHE DES WEGES: _____
GELÄNDESICHTUNGEN: _____
_____

ZELL TELEFON-EMPFANG: _____
GEWANDERT MIT: _____
_____

WASSER VERFÜGBAR: _____
EINRICHTUNGEN: _____
_____

ESSEN UND GETRÄNKE: _____
_____

BEOBACHTUNGEN (NATUR, WILDTIERE USW.): _____
_____
_____

DAS DENKWÜRDIGSTE EREIGNIS: _____
_____
_____

ANMERKUNGEN FÜR DAS NÄCHSTE MAL: _____
_____
_____
_____
_____

STRECKENZEICHNUNG/LIEBLINGSFOTO

WANDERWEG/NAME: _____

STADT/BUNDESLAND: _____ DATUM: _____

STANDORT: _____

ZEIT: START: _____ ENDE: _____

GESAMTDAUER: _____ GESAMTENTFERNUNG: _____

GEWINN/VERLUST VON HÖHENMETERN: _____

PFAD(E): _____
_____

SCHWIERIGKEITSGRAD: ☆☆☆☆☆   BEWERTUNG: ☆☆☆☆☆

DAS WETTER: ☀️ ⛅ 🌦️ ☁️ 🌧️ ⛈️ 🌨️ 🌡️ _____

GPS: START: _____ ENDE: _____

ART DER STRECKE: ○ HIN & ZURÜCK   ○ SCHLEIFE   ○ EINFACHE FAHRT/ SHUTTLE

ZUSTAND DES WEGES: _____
OBERFLÄCHE DES WEGES: _____

GELÄNDESICHTUNGEN: _____
_____

ZELL TELEFON-EMPFANG: _____
GEWANDERT MIT: _____
_____

WASSER VERFÜGBAR: _____
EINRICHTUNGEN: _____
_____

ESSEN UND GETRÄNKE: _____
_____

BEOBACHTUNGEN (NATUR, WILDTIERE USW.): _____
_____
_____

DAS DENKWÜRDIGSTE EREIGNIS: _____
_____
_____

ANMERKUNGEN FÜR DAS NÄCHSTE MAL: _____
_____
_____
_____
_____

STRECKENZEICHNUNG/LIEBLINGSFOTO

WANDERWEG/NAME: _____

STADT/BUNDESLAND: _____ DATUM: _____

STANDORT: _____

ZEIT: START: _____ ENDE: _____

GESAMTDAUER: _____ GESAMTENTFERNUNG: _____

GEWINN/VERLUST VON HÖHENMETERN: _____

PFAD(E): _____
_____

SCHWIERIGKEITSGRAD: ☆☆☆☆☆   BEWERTUNG: ☆☆☆☆☆

DAS WETTER: ☀ ⛅ 🌦 ☁ 🌧 ⛈ 🌨 🌡 _____

GPS: START: _____ ENDE: _____

ART DER STRECKE: ○ HIN & ZURÜCK   ○ SCHLEIFE   ○ EINFACHE FAHRT/ SHUTTLE

ZUSTAND DES WEGES: _____
OBERFLÄCHE DES WEGES: _____

GELÄNDESICHTUNGEN: _____
_____

ZELL TELEFON-EMPFANG: _____
GEWANDERT MIT: _____
_____

WASSER VERFÜGBAR: _____
EINRICHTUNGEN: _____
_____

ESSEN UND GETRÄNKE: _____
_____

BEOBACHTUNGEN (NATUR, WILDTIERE USW.): _____
_____
_____

DAS DENKWÜRDIGSTE EREIGNIS: _____
_____
_____

ANMERKUNGEN FÜR DAS NÄCHSTE MAL: _____
_____
_____
_____
_____

STRECKENZEICHNUNG/LIEBLINGSFOTO

WANDERWEG/NAME: _____

STADT/BUNDESLAND: _____ DATUM: _____

STANDORT: _____

ZEIT: START: _____ ENDE: _____

GESAMTDAUER: _____ GESAMTENTFERNUNG: _____

GEWINN/VERLUST VON HÖHENMETERN: _____

PFAD(E): _____
_____

SCHWIERIGKEITSGRAD: ☆☆☆☆☆   BEWERTUNG: ☆☆☆☆☆

DAS WETTER: ☀️ ⛅ 🌦️ ☁️ 🌧️ ⛈️ 🌨️ 🌡️ _____

GPS: START: _____ ENDE: _____

ART DER STRECKE: ○ HIN & ZURÜCK   ○ SCHLEIFE   ○ EINFACHE FAHRT/ SHUTTLE

ZUSTAND DES WEGES: _____

OBERFLÄCHE DES WEGES: _____

GELÄNDESICHTUNGEN: _____
_____

ZELL TELEFON-EMPFANG: _____

GEWANDERT MIT: _____
_____

WASSER VERFÜGBAR: _____

EINRICHTUNGEN: _____
_____

ESSEN UND GETRÄNKE: _____
_____

BEOBACHTUNGEN (NATUR, WILDTIERE USW.): _____
_____
_____

DAS DENKWÜRDIGSTE EREIGNIS: _____
_____
_____

ANMERKUNGEN FÜR DAS NÄCHSTE MAL: _____
_____
_____
_____
_____

STRECKENZEICHNUNG/LIEBLINGSFOTO

WANDERWEG/NAME: _____

STADT/BUNDESLAND: _____ DATUM: _____

STANDORT: _____

ZEIT: START: _____ ENDE: _____

GESAMTDAUER: _____ GESAMTENTFERNUNG: _____

GEWINN/VERLUST VON HÖHENMETERN: _____

PFAD(E): _____
_____

SCHWIERIGKEITSGRAD: ☆☆☆☆☆   BEWERTUNG: ☆☆☆☆☆

DAS WETTER: ☀️ ⛅ 🌦️ ☁️ 🌧️ ⛈️ 🌨️ 🌡️ _____

GPS: START: _____ ENDE: _____

ART DER STRECKE: ○ HIN & ZURÜCK   ○ SCHLEIFE   ○ EINFACHE FAHRT/ SHUTTLE

ZUSTAND DES WEGES: _____
OBERFLÄCHE DES WEGES: _____
GELÄNDESICHTUNGEN: _____
_____

ZELL TELEFON-EMPFANG: _____
GEWANDERT MIT: _____
_____

WASSER VERFÜGBAR: _____
EINRICHTUNGEN: _____
_____

ESSEN UND GETRÄNKE: _____
_____

BEOBACHTUNGEN (NATUR, WILDTIERE USW.): _____
_____
_____

DAS DENKWÜRDIGSTE EREIGNIS: _____
_____
_____

ANMERKUNGEN FÜR DAS NÄCHSTE MAL: _____
_____
_____
_____
_____

STRECKENZEICHNUNG/LIEBLINGSFOTO

WANDERWEG/NAME: _____

STADT/BUNDESLAND: _____ DATUM: _____

STANDORT: _____

ZEIT: START: _____ ENDE: _____

GESAMTDAUER: _____ GESAMTENTFERNUNG: _____

GEWINN/VERLUST VON HÖHENMETERN: _____

PFAD(E): _____
_____

SCHWIERIGKEITSGRAD: ☆☆☆☆☆   BEWERTUNG: ☆☆☆☆☆

DAS WETTER: ☀ ⛅ 🌦 ☁ 🌧 ⛈ 🌨 🌡 _____

GPS: START: _____ ENDE: _____

ART DER STRECKE: ○ HIN & ZURÜCK   ○ SCHLEIFE   ○ EINFACHE FAHRT/ SHUTTLE

ZUSTAND DES WEGES: _____

OBERFLÄCHE DES WEGES: _____

GELÄNDESICHTUNGEN: _____
_____

ZELL TELEFON-EMPFANG: _____

GEWANDERT MIT: _____
_____

WASSER VERFÜGBAR: _____

EINRICHTUNGEN: _____
_____

ESSEN UND GETRÄNKE: _____
_____

BEOBACHTUNGEN (NATUR, WILDTIERE USW.): _____
_____
_____

DAS DENKWÜRDIGSTE EREIGNIS: _____
_____
_____

ANMERKUNGEN FÜR DAS NÄCHSTE MAL: _____
_____
_____
_____
_____

STRECKENZEICHNUNG/LIEBLINGSFOTO

WANDERWEG/NAME: _____

STADT/BUNDESLAND: _____ DATUM: _____

STANDORT: _____

ZEIT: START: _____ ENDE: _____

GESAMTDAUER: _____ GESAMTENTFERNUNG: _____

GEWINN/VERLUST VON HÖHENMETERN: _____

PFAD(E): _____
_____

SCHWIERIGKEITSGRAD: ☆☆☆☆☆ BEWERTUNG: ☆☆☆☆☆

DAS WETTER: ☀️ 🌤️ 🌦️ ☁️ 🌧️ ⛈️ 🌨️ 🌡️ _____

GPS: START: _____ ENDE: _____

ART DER STRECKE: ○ HIN & ZURÜCK   ○ SCHLEIFE   ○ EINFACHE FAHRT/ SHUTTLE

ZUSTAND DES WEGES: _____

OBERFLÄCHE DES WEGES: _____

GELÄNDESICHTUNGEN: _____
_____

ZELL TELEFON-EMPFANG: _____

GEWANDERT MIT: _____
_____

WASSER VERFÜGBAR: _____

EINRICHTUNGEN: _____
_____

ESSEN UND GETRÄNKE: _____
_____

BEOBACHTUNGEN (NATUR, WILDTIERE USW.): _____

_____

DAS DENKWÜRDIGSTE EREIGNIS: _____

_____

ANMERKUNGEN FÜR DAS NÄCHSTE MAL: _____

_____

_____

_____

STRECKENZEICHNUNG/LIEBLINGSFOTO

WANDERWEG/NAME: _____

STADT/BUNDESLAND: _____ DATUM: _____

STANDORT: _____

ZEIT: START: _____ ENDE: _____

GESAMTDAUER: _____ GESAMTENTFERNUNG: _____

GEWINN/VERLUST VON HÖHENMETERN: _____

PFAD(E): _____
_____

SCHWIERIGKEITSGRAD: ☆☆☆☆☆   BEWERTUNG: ☆☆☆☆☆

DAS WETTER: ☀ ⛅ 🌦 ☁ 🌧 ⛈ 🌨 🌡 _____

GPS: START: _____ ENDE: _____

ART DER STRECKE: ○ HIN & ZURÜCK   ○ SCHLEIFE   ○ EINFACHE FAHRT/ SHUTTLE

ZUSTAND DES WEGES: _____

OBERFLÄCHE DES WEGES: _____

GELÄNDESICHTUNGEN: _____
_____

ZELL TELEFON-EMPFANG: _____

GEWANDERT MIT: _____
_____

WASSER VERFÜGBAR: _____

EINRICHTUNGEN: _____
_____

ESSEN UND GETRÄNKE: _____
_____

BEOBACHTUNGEN (NATUR, WILDTIERE USW.): _____
_____
_____

DAS DENKWÜRDIGSTE EREIGNIS: _____
_____
_____

ANMERKUNGEN FÜR DAS NÄCHSTE MAL: _____
_____
_____
_____
_____

STRECKENZEICHNUNG/LIEBLINGSFOTO

WANDERWEG/NAME: _____

STADT/BUNDESLAND: _____ DATUM: _____

STANDORT: _____

ZEIT: START: _____ ENDE: _____

GESAMTDAUER: _____ GESAMTENTFERNUNG: _____

GEWINN/VERLUST VON HÖHENMETERN: _____

PFAD(E): _____
_____

SCHWIERIGKEITSGRAD: ☆☆☆☆☆   BEWERTUNG: ☆☆☆☆☆

DAS WETTER: ☀ ⛅ 🌦 ☁ 🌧 ⛈ 🌨 🌡 _____

GPS: START: _____ ENDE: _____

ART DER STRECKE: ○ HIN & ZURÜCK   ○ SCHLEIFE   ○ EINFACHE FAHRT/ SHUTTLE

ZUSTAND DES WEGES: _____
OBERFLÄCHE DES WEGES: _____

GELÄNDESICHTUNGEN: _____
_____

ZELL TELEFON-EMPFANG: _____
GEWANDERT MIT: _____
_____

WASSER VERFÜGBAR: _____
EINRICHTUNGEN: _____
_____

ESSEN UND GETRÄNKE: _____
_____

BEOBACHTUNGEN (NATUR, WILDTIERE USW.): _____
_____
_____

DAS DENKWÜRDIGSTE EREIGNIS: _____
_____
_____

ANMERKUNGEN FÜR DAS NÄCHSTE MAL: _____
_____
_____
_____
_____

STRECKENZEICHNUNG/LIEBLINGSFOTO

WANDERWEG/NAME: _____

STADT/BUNDESLAND: _____ DATUM: _____

STANDORT: _____

ZEIT: START: _____ ENDE: _____

GESAMTDAUER: _____ GESAMTENTFERNUNG: _____

GEWINN/VERLUST VON HÖHENMETERN: _____

PFAD(E): _____
_____

SCHWIERIGKEITSGRAD: ☆☆☆☆☆   BEWERTUNG: ☆☆☆☆☆

DAS WETTER: ☀ ⛅ 🌦 ☁ 🌧 ⛈ 🌨 🌡 _____

GPS: START: _____ ENDE: _____

ART DER STRECKE: ○ HIN & ZURÜCK   ○ SCHLEIFE   ○ EINFACHE FAHRT/ SHUTTLE

ZUSTAND DES WEGES: _____

OBERFLÄCHE DES WEGES: _____

GELÄNDESICHTUNGEN: _____
_____

ZELL TELEFON-EMPFANG: _____

GEWANDERT MIT: _____
_____

WASSER VERFÜGBAR: _____

EINRICHTUNGEN: _____
_____

ESSEN UND GETRÄNKE: _____
_____

BEOBACHTUNGEN (NATUR, WILDTIERE USW.): _____
_____

DAS DENKWÜRDIGSTE EREIGNIS: _____
_____

ANMERKUNGEN FÜR DAS NÄCHSTE MAL: _____
_____
_____
_____

STRECKENZEICHNUNG/LIEBLINGSFOTO

WANDERWEG/NAME: _____

STADT/BUNDESLAND: _____ DATUM: _____

STANDORT: _____

ZEIT: START: _____ ENDE: _____

GESAMTDAUER: _____ GESAMTENTFERNUNG: _____

GEWINN/VERLUST VON HÖHENMETERN: _____

PFAD(E): _____
_____

SCHWIERIGKEITSGRAD: ☆☆☆☆☆   BEWERTUNG: ☆☆☆☆☆

DAS WETTER: ☀ ⛅ 🌦 ☁ 🌧 ⛈ 🌨 🌡 _____

GPS: START: _____ ENDE: _____

ART DER STRECKE: ○ HIN & ZURÜCK ○ SCHLEIFE ○ EINFACHE FAHRT/ SHUTTLE

ZUSTAND DES WEGES: _____

OBERFLÄCHE DES WEGES: _____

GELÄNDESICHTUNGEN: _____
_____

ZELL TELEFON-EMPFANG: _____

GEWANDERT MIT: _____
_____

WASSER VERFÜGBAR: _____

EINRICHTUNGEN: _____
_____

ESSEN UND GETRÄNKE: _____
_____

BEOBACHTUNGEN (NATUR, WILDTIERE USW.): _____
_____
_____

DAS DENKWÜRDIGSTE EREIGNIS: _____
_____
_____

ANMERKUNGEN FÜR DAS NÄCHSTE MAL: _____
_____
_____
_____
_____

STRECKENZEICHNUNG/LIEBLINGSFOTO

WANDERWEG/NAME: _____

STADT/BUNDESLAND: _____ DATUM: _____

STANDORT: _____

ZEIT: START: _____ ENDE: _____

GESAMTDAUER: _____ GESAMTENTFERNUNG: _____

GEWINN/VERLUST VON HÖHENMETERN: _____

PFAD(E): _____
_____

SCHWIERIGKEITSGRAD: ☆☆☆☆☆   BEWERTUNG: ☆☆☆☆☆

DAS WETTER: ☀ ⛅ 🌦 ☁ 🌧 ⛈ 🌨 🌡 _____

GPS: START: _____ ENDE: _____

ART DER STRECKE: ○ HIN & ZURÜCK   ○ SCHLEIFE   ○ EINFACHE FAHRT/ SHUTTLE

ZUSTAND DES WEGES: _____
OBERFLÄCHE DES WEGES: _____

GELÄNDESICHTUNGEN: _____
_____

ZELL TELEFON-EMPFANG: _____
GEWANDERT MIT: _____
_____

WASSER VERFÜGBAR: _____
EINRICHTUNGEN: _____
_____

ESSEN UND GETRÄNKE: _____
_____

BEOBACHTUNGEN (NATUR, WILDTIERE USW.): _____
_____
_____

DAS DENKWÜRDIGSTE EREIGNIS: _____
_____
_____

ANMERKUNGEN FÜR DAS NÄCHSTE MAL: _____
_____
_____
_____
_____

STRECKENZEICHNUNG/LIEBLINGSFOTO

www.ingramcontent.com/pod-product-compliance
Lightning Source LLC
Chambersburg PA
CBHW071409080526
44587CB00017B/3222